# essentials

Springer Essentials sind innovative Bücher, die das Wissen von Springer DE in kompaktester Form anhand kleiner, komprimierter Wissensbausteine zur Darstellung bringen. Damit sind sie besonders für die Nutzung auf modernen Tablet-PCs und eBook-Readern geeignet. In der Reihe erscheinen sowohl Originalarbeiten wie auch aktualisierte und hinsichtlich der Textmenge genauestens konzentrierte Bearbeitungen von Texten, die in maßgeblichen, allerdings auch wesentlich umfangreicheren Werken des Springer Verlags an anderer Stelle erscheinen. Die Leser bekommen „self-contained knowledge" in destillierter Form: Die Essenz dessen, worauf es als „State-of-the-Art" in der Praxis und/oder aktueller Fachdiskussion ankommt.

Norbert J. Heigl

# Konflikte verstehen und steuern

Springer VS

Norbert J. Heigl
Auerbach
Deutschland

ISSN 2197-6708                    ISSN 2197-6716 (electronic)
ISBN 978-3-658-04583-8            ISBN 978-3-658-04584-5 (eBook)
DOI 10.1007/978-3-658-04584-5

Die Deutsche Nationalbibliothek verzeichnet diese Publikation in der Deutschen National-
bibliografie; detaillierte bibliografische Daten sind im Internet über http://dnb.d-nb.de ab-
rufbar.

Springer VS


Gedruckt auf säurefreiem und chlorfrei gebleichtem Papier

Springer VS ist eine Marke von Springer DE. Springer DE ist Teil der Fachverlagsgruppe
Springer Science+Business Media
www.springer-vs.de

# Vorwort

Dieses Springer Essential über das Umgehen mit Konflikten ist in ähnlicher Form in dem Springer-Band: „Psychologie der Wirtschaft" der Herausgeber Miriam Landes und Eberhard Stein enthalten. Man findet es im Kapitel 22 unter der Überschrift „Konfliktmanagement". Dieses Buch beschreibt mit einer Vielzahl von Autoren eine große Bandbreite psychologischer Wirtschaftsthemen. Da das Thema Konfliktmanagement speziell im Führungsalltag eine signifikante Rolle spielt, ist ihm ein Kapitel gewidmet. Effektive Führungsarbeit ohne das aktive Erkennen, Verstehen und Steuern von Konflikten ist eigentlich nicht denkbar. Vielleicht ist dies auch ein Grund dafür, warum es vielerorts an echtem Führungsengagement mangelt, denn auftretende Konflikte bereiten keine unmittelbare Freude, sondern sind in der Regel unangenehm und kosten Energie. Nur wer sich dem Konflikt stellt und eine konstruktive Konfliktlösung immer und immer wieder verfolgt, wird erleben, dass neben dem Vertiefen und dem Stärken der jeweiligen Beziehungen vor allem das Selbstwertgefühl profitiert.

Ich möchte mich an dieser Stelle bei Miriam Landes und Eberhard Steiner für das Einbinden dieses Themas in den Gesamtband bedanken. Darüber hinaus gilt ein besonderer Dank den Verantwortlichen des Springer Verlags, die den Aspekten der Konfliktbewältigung ein Essential widmen.

# Inhaltsverzeichnis

# Einleitung 1

Sobald mindestens zwei Individuen aufeinander treffen und sich in ihrem Handeln, Denken oder Fühlen auf irgendeine Art und Weise berühren, besteht die Möglichkeit eines Konflikts zwischen diesen Akteuren, sprich ein gewisses Konfliktpotenzial ist automatisch vorhanden. Es gibt die unterschiedlichsten Konfliktarten und die Zahl der möglichen Konfliktauslöser ist groß. Dies bedeutet jedoch nicht, dass ein Konflikt entstehen muss. Je nach Persönlichkeitsstruktur, Rahmenbedingungen und Art der Kommunikation, kann eine Konfliktauslösung durchaus vermieden werden.

Wenn man von Konfliktmanagement spricht, also dem Umgang mit und das Steuern von Konflikten, dann ist man sofort bei dem wichtigsten Werkzeug schlechthin, der Kommunikation. Nun ist es so, dass in unserer Gesellschaft die direkte und damit interaktive Kommunikation zunehmend durch passive, technisch basierte Kommunikation ersetzt wird und man weiß aus unterschiedlichen Studien, dass beispielsweise die direkte Kommunikationszeit innerhalb Familien in den letzten Jahrzehnten systematisch gefallen ist. Im Gegensatz dazu hat sich in den letzten beiden Dekaden das Konsumieren von technischen Medien signifikant erhöht.

Was bedeutet dies nun für das Thema „Konfliktmanagement"? Der Zusammenhang stellt sich folgendermaßen dar: Je weniger aktiv interpersonal kommuniziert wird, desto mehr wird interpretiert und selbständig abgeleitet. Die eigene Wahrnehmung wird ein immer bedeutenderer Entscheidungsfaktor und das erhöht automatisch die Fehlerquote bei der Einschätzung der jeweiligen Situation oder z. B. der Absichten des Gegenübers. Auf dieser Basis wird gehandelt und somit entsteht ein größeres Konfliktpotenzial.

Die Ausprägungen der privaten und familiären Kommunikation treffen ebenso auf das Kommunikationsverhalten in Unternehmen zu. Email und sms-Kommunikation nimmt einen immer größeren Raum im täglichen Miteinander ein und vermittelt das trügerische Gefühl, dass es das direkte Gespräch ersetzen könnte. Aber

N. J. Heigl, *Konflikte verstehen und steuern*, essentials, 1
DOI 10.1007/978-3-658-04584-5_1, © Springer Fachmedien Wiesbaden 2014

es fehlt grundsätzlich die Mimik, die Tonlage, Betonungen usw. – alles wichtige und nicht selten entscheidende Informationsträger. Da der elektronischen Kommunikation zudem eine gewisse Spracheffizienz zugrunde liegt, wird mit Abkürzungen, emoticons etc. gearbeitet, um möglichst schnell zu sein. Aber damit weitet sich der Spielraum für Interpretationsmöglichkeiten nur noch mehr aus. Die Anzahl der Missverständnisse steigt und somit erhöht sich auch die Chance auf einen Konflikt.

Neben der Veränderung im Kommunikationsverhalten, führen zahlreiche weitere Faktoren dazu, dass das Konfliktpotenzial stetig steigt. Man denke nur an die sich permanent verkürzenden Innovationszyklen, die notwendigen Anpassungsprozesse aufgrund globalisierter Wirtschaftshandlungen, der time to market-Druck von Unternehmen, das steigende Konsumbewusstsein usw. – alles Faktoren, die Konfliktpotenziale per se nicht abbauen. Dies bedeutet wiederum, dass es immer wichtiger wird, Kompetenz im Bereich Konfliktmanagement aufzubauen, denn Konflikte kosten Zeit und damit Geld, wirken sich in der Regel emotional belastend auf die Akteure aus, senken häufig die Arbeitsmotivation und können krank machen.

Zunächst soll nun Konfliktmanagement begrifflich definiert werden.

*Definition*  Unter Konfliktmanagement sind Maßnahmen zur Verhinderung einer weiteren Eskalation oder Ausbreitung des Konflikts zu verstehen. Es bezeichnet die Gesamtheit dessen, wie mit Konflikten (konstruktiv) umgegangen wird (vgl. Kreyenberg 2005).

*Wortherkunft*  Konflikt leitet sich von dem lateinischen Wort „confligere" her und bedeutet so viel wie „zusammenstoßen, kämpfen".

## 2.1 Konfliktsymptome

Um einen Konflikt überhaupt managen zu können, muss man anfangs erst einmal erkennen können, dass es sich um einen Konflikt handelt. Auf den ersten Blick mag dies profan erscheinen. Wenn man allerdings Studien heranzieht, dann sieht man, dass die meisten Konflikte in Organisationen nicht offen, sondern verdeckt ausgetragen werden. Verdeckte Konflikte kann man an den unterschiedlichsten Konfliktsymptomen erkennen. Die Konfliktforscherin Jutta Kreyenberg hat den Versuch unternommen, eine gewisse Kategorisierung der möglichen Symptome vorzunehmen. Sie unterscheidet vier Quadranten, die den vier Merkmalen: verbal/nonverbal/offen und aktiv/verdeckt und passiv zugeordnet sind. (Kreyenberg 2005).

Speziell die verdeckten Konfliktsymptome werden häufig nicht als Symptome eines Konflikts gesehen. So kann beispielsweise „Unwohlsein, Krankheit" oder ein „genereller Zuspruch" auch ganz andere Ursachen in sich tragen und völlig konfliktfrei sein.

In der individuellen Wahrnehmung eines Konflikts steckt im Grunde schon der erste Schritt zur Konfliktbewältigung oder eventuell sogar noch die Möglichkeit der Konfliktvermeidung. Von daher ist es von Vorteil, die unterschiedlichen Konfliktsymptome zu kennen (Abb. 2.1).

Die Übersicht zeigt, wie unterschiedlich Konfliktsymptome in Erscheinung treten können. Wichtig ist dabei, dass man sie bei Bedarf analysiert, aktiv hinterfragt und nicht als absolutes Zeichen für einen Konflikt versteht.

N. J. Heigl, *Konflikte verstehen und steuern,*essentials,
DOI 10.1007/978-3-658-04584-5_2, © Springer Fachmedien Wiesbaden 2014

| | offen und aktiv | verdeckt und passiv |
|---|---|---|
| **V E R B A L** | **Verbaler Angriff**<br><br>- Andere Meinung äußern<br>- Kritik<br>- Beleidigungen, Beschimpfungen<br>- Vorwürfe<br>- Killerphrasen<br>- „Herunterputzen" einer Person<br>- Streiten<br>- (Genereller) Widerspruch<br>- „Ich will aber…"<br>- Gegenargumentation<br>- Differenzen lautstark austauschen<br>- Starres Festhalten an Gewohnheiten und Standpunkten | **Ablenken**<br><br>- Sarkasmus, Ironie, Galgenhumor<br>- Nebenkriegsschauplätze aufmachen<br>- Vom Thema ablenken<br>- Zeitdruck vorschieben<br>- Von „man" und „wir" sprechen, statt persönlich Stellung zu beziehen<br>- Verunsicherungstaktik<br>- Herabsetzende Bemerkungen<br>- Subtile Anspielungen<br>- Leugnen<br>- „Ja, aber…" (defensiv)<br>- Anzüglichkeiten<br>- Genereller Zuspruch<br>- Sprüche klopfen<br>- Bagatellisieren<br>- Blödeln, ins Lächerliche ziehen<br>- „Verpfeifen" und Denunzieren<br>- Distanzierte Höflichkeit |
| **N O N V E R B A L** | **Aufregung, Unruhe**<br><br>- Demonstrativ ignorieren, nicht beachten<br>- Beziehungsabbruch<br>- Ausschluss von Personen<br>- Drohgebärden<br>- Abschätzige, abwertende Gestik und Mimik<br>- Abweisende Haltung<br>- Tätlicher Angriff<br>- Inkongruenz im Verhalten oder zwischen Reden und Tun<br>- Immer das Gegenteil tun<br>- Gewalt<br>- Sabotage<br>- Auflaufen lassen<br>- Trotzreaktionen, Querschießen<br>- Streik | **Rückzug, Lustlosigkeit**<br><br>- Unwohlsein<br>- Humorlosigkeit<br>- Schweigen<br>- Sturer Formalismus<br>- Nur das Notwendigste tun<br>- Desinteresse<br>- Verbesserungsvorschläge einstellen<br>- Zu spät kommen<br>- Nur noch schriftliche Kommunikation<br>- Überformale Regelungen<br>- (innere) Kündigung<br>- Hohe Fehlzeiten, Krankheit<br>- Hohe Reklamationsquoten<br>- Überstunden, Aktionismus<br>- Gereiztheit<br>- Vorweggenommener Gehorsam<br>- Depression Niedergeschlagenheit |

**Abb. 2.1**  Die häufigsten Konfliktsymptome nach Kreyenberg (2005)

## 2.2  Die Einstellung bestimmt die Wahrnehmung

Im vorigen Abschnitt wurden verschiedene Konfliktsymptome besprochen. Wie man diese Symptome wahrnimmt und deutet, hängt sehr stark von eigenem Denken und Fühlen ab. Damit verknüpft ist wiederum die jeweilige innere Einstellung zu einer Sache oder einem Menschen. Dabei wirken einerseits die Gefühle, hormonell bedingt auf die Einstellung und genauso vice versa die persönlich gewählte Einstellung auf die Gefühlswelt. Die Hirnforschung geht davon aus, dass unser Gehirn über ca. 100 Mio. Synapsen verfügt, die mit den Sinnesorganen, also mit der Außenwelt, verknüpft sind. Insgesamt enthält das Gehirn jedoch ca. 100 Mrd. Schaltstellen. Das bedeutet, unser Gehirn beschäftigt sich 100.000-mal mehr mit sich selbst als mit der Außenwelt. Dies zeigt den enormen Einfluss der jeweiligen Gefühlslage auf die Wahrnehmung einerseits und andererseits die Interpretation der wahrgenommenen Informationen. Nun stellen Konflikte grundsätzlich auch Stresssituationen dar, das bedeutet, dass der Anteil an Emotionen in der Regel ohnehin hoch ist. Ergo macht es Sinn, sich mit dem Thema *innere Einstellung* genauer zu beschäftigen, da darin zumindest ein Schlüssel zur a) Konfliktvermeidung, b) Symptombewertung und c) konstruktiven Konfliktsteuerung steckt.

Trägt man nämlich positive Emotionen in sich und hat in einer Kommunikationssituation, wie einem Konfliktgespräch, eine positive und wertschätzende Einstellung, dann wirkt sich dies automatisch positiv auf die Wortwahl, Tonart, Mimik, Gestik und Körpersprache aus. Der Psychiater, Thomas A. Harris (1975), hat im Rahmen der sogenannten Transaktionsanalyse, die sich mit Ich-Zuständen beschäftigt, vier einfache mathematische Ableitungen gefunden, die die Einstellung des eigenen Ichs gegenüber anderen beschreiben soll. Diese vier sogenannten Dispositionen heißen:

(+ +) Ich bin okay, Du bist okay
(+ –) Ich bin okay, Du bist nicht okay
(– +) Ich bin nicht okay, Du bist okay
(– –) Ich bin nicht okay, Du bist nicht okay

**(+ +) Ich bin okay, Du bist okay** Dieser Zustand lässt sich leider nicht permanent durchhalten, würde aber viele Konfliktgespräche erst gar nicht entstehen lassen. *Ich bin okay* bedeutet, dass man mit sich selbst einigermaßen im Reinen ist. Man kennt seine Stärken, aber auch Schwächen. Man geht mit den eigenen „Baustellen", konstruktiv und selbstbewusst um. Man mag sich, ohne Egozentriker zu sein. Ein solcher Mensch hat eine hohe Selbstachtung, auf der ein natürliches Selbstbewusstsein thront.

*Du bist okay* beschreibt die grundsätzliche Haltung gegenüber dem Gesprächs- oder Konfliktpartner. Dies soll nicht den berühmten Blick durch die „rosarote Brille" darstellen, sondern eher ein grundsätzlicher Respekt gegenüber der anderen Person und deren Handlungen. *Du bist okay* besagt, dass man den anderen so nimmt wir er ist. Es bedeutet allerdings nicht, dass man alles unreflektiert zu akzeptieren hat, sondern, dass man den Konfliktpartner und dessen Handlungen grundsätzlich respektiert. Auf diese Weise sind z. B. fachlich sehr leidenschaftlich geführte Auseinandersetzungen möglich, ohne die Person selbst zu diskreditieren.

**(+ –) Ich bin okay, Du bist nicht okay** Diese Disposition ist in unserem Kulturkreis durchaus verbreiteter. Man findet sich selbst okay und konzentriert sich darauf, dass der andere nicht okay ist. Im Fokus stehen die Fehler des anderen und die Lösung liegt scheinbar bei Fehlerbehebung derselben. Dies ist eine einseitige Strategie, die im Normalfall vom Konfliktpartner genau konträr gesehen wird. Konfliktlösungen werden dadurch eher unwahrscheinlicher. Eine (+ –) Einstellung trägt eine Angriffs- und Machtposition in sich, die, weil sie sich in der Kommunikation automatisch zeigt, vornehmlich Verteidigung- und Gegenangriffsstrategien nach sich zieht.

**(– +) Ich bin nicht okay, Du bist okay** Diese Einstellung ist weiter verbreitet als man auf den ersten Blick annehmen würde, sie wird in der Regel jedoch selten offen gezeigt. Vor allem männliche Konfliktpartner versuchen häufig, diese gefühlte Disposition durch eine betonte (+ –) – Reaktion zu übertünchen. Schwächen sind in einer leistungsorientierten Gesellschaft ungern gesehen. Die Handlungsmaxime entspricht grundsätzlich einer defensiven Haltung, der das Gefühl der Unterlegenheit zu Grunde liegt.

**(– –) Ich bin nicht okay, Du bist nicht okay** Bei dieser Variante der Disposition sieht man weder das eigene Ich positiv, noch respektiert man den jeweiligen Handlungspartner. Menschen mit einer solchen Grunddisposition stehen grundsätzlich allem sehr kritisch gegenüber. Das Negative steht im Fokus und so können häufig auch anerkennende, lobende Gesprächsinhalte anderer nicht angenommen werden. Dass dies die denkbar ungünstigste Disposition für eine konstruktive Konfliktlösung darstellt, erklärt sich von selbst.

Jeder Mensch verfügt über eine gewisse Grundtendenz zu einer Disposition, die sein Kommunikationsverhalten bestimmt. Jedoch kommen die vier verschiedenen Einstellungen nicht in Reinkultur vor. Je nach Hormonlage kann es sogar sein, dass man alle vier Dispositionen an einem Tag erlebt. Entscheidend ist allerdings, ob man erkennt, in welcher Dipositionsvariante man sich gerade befindet und wie man sich am Besten in Richtung der Disposition bewegt, die einem mehr Vorteile bringt.

Der bequeme Weg wäre, sich einfach von den jeweilig herrschenden Gefühlen treiben zu lassen. Damit nutzt man jedoch nicht seine Potenziale, denn jeder Mensch verfügt permanent und zu hundert Prozent über die Möglichkeit, welche Einstellung gewählt wird. Überlässt man anderen den Einfluss auf seine Gefühls-

| Handeln im Unternehmen heißt: | Daraus resultierende Konfliktarten: |
|---|---|
| 1. Ziele setzen oder zu vereinbaren, | **Zielkonflikte** |
| 2. sie auf bestimmten Wege zu erreichen, | **Bewertungskonflikte** |
| 3. mit den erforderlichen Ressourcen, | **Verteilungskonflikte** |
| 4. von und mit unterschiedlichen Menschen, die nicht immer mit sich selbst im Reinen sind und die | **Persönliche Konflikte** |
| 5. miteinander in Kontakt treten, dabei eine Beziehung aufbauen und | **Beziehungskonflikte** |
| 6. die bestimmte Rollen und Funktionen innehaben. | **Rollenkonflikte** |

**Abb. 2.2** Konfliktarten nach Kreyenberg (2005, S. 26)

welt, dann wird man eher fremdgesteuert, was sich negativ auf das eigene Selbstwertgefühl auswirkt. Versucht man jedoch, den oftmals unbequemeren Weg in Richtung (++) Einstellung zu steuern, dann kostet dies eventuell Selbstüberwindungskräfte, aber man wird eher und häufiger in die Lage versetzt, Konflikte vermeiden oder konstruktiv lösen zu können.

Eine positive und wertschätzende Haltung führt sowohl instinktiv zu einer konstruktiveren Wortwahl als auch zu einer positiveren Körpersprache und Mimik, denn die Quelle der Sprache sind Gedanken und Gefühle.

## 2.3 Konfliktarten

Die weiter oben beschriebenen Konfliktsymptome können die unterschiedlichsten Arten an Konflikte darstellen. Jutta Kreyenberg (2004) hat sechs der hauptsächlichsten Konfliktarten in Organisationen, sowie ihre Erscheinungsform anschaulich zusammengefasst (Abb. 2.2).

Gerhard Schwarz (2010) unterscheidet eine sehr umfangreiche Menge von Konfliktarten, die sich ebenso in Organisationen finden lassen. Eine Auswahl soll die Variationsbreite darstellen:

- Organisationskonflikte
    - Abteilungsegoismus (klassischer Interessenskonflikt z. B. zwischen Entwicklungs- und Vertriebsabteilung)
    - Herrschaftskonflikte (Beispiel: zentralistische Weisungsbefugnis oder dezentrale Entscheidungsrechte?)

- Doppelmitgliedschaftskonflikte (Beispiel: Doppelrolle Führungskraft und zugleich Projektteammitglied)
- Veränderungskonflikte (Beispiel: Changeprozesse aufgrund einer neuen Organisationsstruktur – aus Vertretern verschiedener Fachabteilungen werden Kundenteams gebildet)
- Normkonflikte (Beispiel: Unterschiedliche Arbeitszeitmodelle: Innendienst/Außendienst)
- Strukturkonflikte (Beispiel: Matrixorganisation – Mitarbeiter hat zwei Weisungsbefugte aus unterschiedlichen Bereichen „über" sich: z. B. fachlich: Projektleiter/disziplinarisch: Vorgesetzter)
- Gruppenkonflikte
  - Rangkonflikte (Beispiel: unterschiedliche Hierarchiestufen)
  - Inoffizielle Normen (Beispiel: Nicht schriftlich fixierte Überstundenregelung, aber „ungeschriebenes Gesetz")
  - Zugehörigkeitskonflikte (Beispiel: eingeschworene Arbeitsgruppe versus neuer Kollege)
- Systemkonflikte
  - Interkulturelle Konflikte (Beispiel: Fusion von Daimler und Chrysler – neue Konzernsprache „Englisch")
  - Virtuelle Konflikte (Beispiel: persönliche Kommunikation versus elektronische Kommunikation)

In Organisationen sind Konflikte unvermeidbar. Die Frage, die es zu beantworten gilt, ist vielmehr, *wie* man mit Konflikten umgeht und ob man beispielsweise Eskalationen vermeiden kann. Konflikte sind immer von Emotionen begleitet – egal ob sie offen gezeigt werden oder nicht. Den rein sachlichen Konflikt gibt es nicht, denn sonst spräche man auch nicht von einem Konflikt, sondern z. B. von einer Fachdiskussion. Die jeweilige Ausprägung der Emotionen hat unterschiedliche Nuancen und hängt obendrein sehr stark von den jeweiligen Persönlichkeitsstrukturen der Akteure ab.

Aus dieser emotionalen Perspektive heraus gesehen werden Konfliktarten unter anderem auch nach der Art des Umgangs mit diesen Gefühlen beschrieben. So kann man folgende Konfliktarten unterscheiden (vgl. Kreyenberg 2005):

- Heißer Konflikt
- Kalter Konflikt

### 2.3.1 Der heiße Konflikt

In einem *heißen Konflikt* kann man die jeweiligen Emotionen leichter erkennen, da sie deutlicher gezeigt werden. Die jeweiligen Akteure versuchen sich gegenseitig leidenschaftlich zu überzeugen und dabei spielt das Zurückhalten von Gefühlen nicht die wichtigste Rolle. Angriff und Verteidigung sind klar ersichtlich. Aufgrund der nicht unterdrückten Emotionalität können solchen Konflikte auch leichter eskalieren. Nach Kreyenberg (2005) stehen folgende Merkmale für einen heißen Konflikt:

- Hohe Emotionalität
- Direkte Konfrontation
- Keine Trennung von Mensch und Sache
- Machtgebaren
- Aufgeheizte Atmosphäre
- Verfechten eigener Ziele
- Ignorieren von Regeln und Vereinbarungen

### 2.3.2 Der kalte Konflikt

*Kalte Konflikte* können in sehr unterschiedlichen Varianten auftreten. Sie sind nicht selten schwer zu erkennen, da anstelle direkter Kommunikation eher feindseliges Verhalten an den Tag gelegt wird. In der Regel sind die Akteure tief enttäuscht voneinander. Frustration bestimmt die Gefühlslage und die Beteiligten erleben oftmals eine innere Leere und Kälte. Es wird weitestgehend rational kommuniziert. Kreyenberg (2005) sieht die Merkmale eines kalten Konflikts folgendermaßen:

- Geringe äußere Emotionalität
- Überengagement
- Überzeugungsversuche
- Enttäuschung, Selbstzweifel
- Blockaden
- Glaube an Unlösbarkeit
- Tiefe Aversionen gegeneinander
- Kontaktvermeidung
- Formalisierung

Die Problematik bei kalten Konflikten ist, dass sie besonders in der Anfangsphase oft nicht erkannt werden. Aufgrund der zurückgehenden aktiven Kommunikation im Allgemeinen, sinkt auch die Bereitschaft, Konflikte offen auszutragen. Somit ist es nicht verwunderlich, dass die Zahl der kalten Konflikte in Organisationen hierzulande systematisch steigt.

## 2.4  Konfliktpotenzial in Unternehmen

Im Grunde wäre es wünschenswert, dass man eine Organisation entwickelt und gestaltet, die Konflikte auf ein Mindestmaß reduziert, da Konflikte immer die Möglichkeit in sich tragen, beteiligte Personen negativ zu beeinflussen. Es werden Prozesse gestört, viel Zeit wird in Anspruch genommen u. ä. Es ist demzufolge interessant zu sehen, wie das jeweils vorhandene Konfliktpotenzial gestaltet ist. Der Konfliktforscher Buchanan (2002) hat herausgefunden, dass zwei Faktoren einen signifikanten Einfluss auf die Größe des Konfliktpotenzials einer Organisation haben:

- der Grad an Sicherheit und
- der Grad an Übereinstimmung

Nach Buchanans Ergebnissen herrscht ein höheres Konfliktpotenzial, wenn zu wenig oder auch zu viel klar, geregelt und transparent ist. Dies betrifft Prozessabläufe, Strukturen, Betriebsvereinbarungen usw. Ebenso verhält es sich mit dem Grad an Übereinstimmung. In Unternehmen, in denen zu viel oder zu wenig Abstimmung stattfindet, existiert eine höhere Konfliktbereitschaft als bei Betrieben mit einem mittleren Grad an Übereinstimmung. Daraus kann man ableiten, dass weder ein System, wo alles geregelt und vorgegeben ist, das Konfliktpotenzial senkt, noch ein System, das so gut wie nichts regelt. Das „gesunde" Mittelmaß an Einflussnahme und Transparenz scheint hier der Königsweg zu sein.

## 2.5  Wahrnehmungseinschränkungen

Der Mensch verfügt über ein sehr eingeschränktes Wahrnehmungssystem, was das Bewusstsein betrifft. Die Aufnahmekapazität des Unterbewusstseins ist schier unbegrenzt und kann nur ungefähr geschätzt werden. Speziell in Konfliktsituationen ist nun das Bewusstsein, aufgrund der oft emotionalen Anspannung, noch eingeschränkter als in entspannten Phasen. Pro Sekunde prallen auf die Sinnesorgane ca. 11 Mio. Bits an Informationen, von denen der Mensch ganze 40 Bit pro Sek. bewusst aufnehmen und auch wiedergeben kann (vgl. Labude 2008). Der bei weitem größte Teil wird ausgefiltert. Dazu kommen darüber hinaus noch eine Reihe von automatischen Wahrnehmungsfehlern, die die „Wirklichkeit" verzerren.

Thomas und Thomas haben im Jahre 1928 folgendes Theorem verfasst, das die Wirkung der Wahrnehmungsverzerrung des Menschen auf seine Handlungen beschreibt (Thomas-Theorem): „If men define situations as real, they are real in their consequences" (Thomas und Thomas 1928, S. 572).

Wenn also Menschen Gegebenheiten als real ansehen, dann werden sie so handeln, als seien sie real, und insofern kommt es zu realen Konsequenzen (einer möglicherweise rational nicht gegebenen Tatsache).

Nach Thomas und Thomas (1928) handeln Menschen auf Grundlage dessen, was und wie sie etwas wahrnehmen und nicht auf Basis dessen, was ist. Das bedeutet:

▶ Subjektivität kommt von Objektivität!

Dies ist eine wichtige Erkenntnis in Bezug auf Konfliktursachen und Konfliktauslöser. Konfliktursachen kann man grundsätzlich drei verschiedenen Bereichen zuordnen:

- Konkrete Probleme
- Situationen
- Persönlichkeitsfaktoren

Die individuelle Einordnung der Konfliktursache ist entscheidend für die weitere Vorgehensweise. Ist die Ursache ein konkretes Problem (z. B. ein unübersichtlicher Projektplan), die Persönlichkeit (z. B. herablassendes Auftreten) oder eine Situation (z. B. Termindruck), so gibt es unterschiedliche Vorgehensweisen, dieser Konfliktursache zu begegnen. Dabei sollte man nicht übersehen, dass die gleiche Ursache, z. B. Termindruck, völlig unterschiedliche Wirkungen auslösen kann, je nachdem, wie die momentane Wahrnehmung aussieht. Im Allgemein gilt daher der Grundsatz:

▶ Aus seiner Sicht hat jeder Recht!

Interessanterweise sind es in der Mehrzahl nicht spezielle Probleme oder konfliktauslösende Situationen, sondern in erster Linie Persönlichkeitsfaktoren, die einem Konflikt zugrunde liegen.

In der Psychologie wird zwischen komplizierten und komplexen Systemen, Situationen und Problemen unterschieden. Kompliziert ist ein Sachverhalt, wenn er zwar auf den ersten Blick undurchdringlich erscheint, aber durch Zerlegen in einzelne Bestandteile kommt man auf eventuelle Fehler und kann diese konkret angehen und lösen. In einem komplexen System herrscht eine Eigendynamik, die durch analysieren nie zur Gänze eruiert werden kann, weil ständig neue Abhängigkeiten und Dynamiken entstehen. Solchen Problemstellungen begegnet man, indem man versucht, möglichst wenig eigene Fehler zu machen, um dadurch die Wahrscheinlichkeit der Problemlösung zu erhöhen. Sobald es um Menschen geht, bewegt man sich grundsätzlich im komplexen Bereich. Somit kann man als Handlungsmaxime in Konfliktsituationen folgendes titulieren:

▶    Möglichst eigene Fehler vermeiden!

Im Zusammenhang mit der individuellen Wahrnehmung, die eine bedeutende Rolle bei der Konfliktauslösung spielt, kann man nun versuchen, folgende Wahrnehmungsfehler zu vermeiden oder wenigstens bei sich zu entlarven, um dafür sensibilisiert zu sein.

## 2.5.1  Wahrnehmungsfehler

Im Folgenden werden einige der am meisten auftretenden Wahrnehmungsfehler kurz erläutert. Es ist völlig illusorisch zu glauben, dass man Wahrnehmungsfehler komplett vermeiden kann. Es wirkt sich jedoch stark förderlich für die persönliche Einordnung eines Konflikts aus, wenn man sich der eigenen Fehlermöglichkeiten bewusst ist.

**Neuheit/Vertrautheit** Neuartige Reize in einer vertrauten Situation werden vom Menschen eher wahrgenommen, als in einer neuartigen Situation. Der Grund dafür ist eine Reizüberflutung. Dieser kann das Gehirn nur durch Filtern begegnen. Ebenso werden vertraute Reize in einer neuartigen Situation deutlicher wahrgenommen, als vertraute Reize in einer vertrauten Situation (z. B. Betriebsblindheit) (vgl. Mandler 1975).

**Erwartungen** Dieses Wahrnehmungsphänomen wird auch häufig als selbsterfüllende Prophezeiung bezeichnet. Der Mensch tendiert dazu, grundsätzlich das eher wahrzunehmen, was er in dem Moment erwartet. So sucht das Gehirn automatisch zunächst nach der Bestätigung der eigenen Vorstellung und Meinung, bevor andere Reize zugelassen werden (vgl. Merton 1948).

**Attribuierung** Der Mensch neigt dazu, in Situationen, die er für sich selbst als nachteilig empfindet, sein eigenes Verhalten als situationsabhängig wahrzunehmen, während er das Verhalten anderer auf deren Persönlichkeit zurückführt.

Diese Tendenz ist so dominant, dass Lee Ross sie 1977 sogar als *fundamentalen Attributionsfehler* bezeichnete (vgl. Aronson et al. 2008, S. 108; Gilbert und Malone 1995).

**Beispiel** Verspätet man sich zu einem Meeting, dann werden vorwiegend Gründe wie Verkehrsstau, ein dringender Anruf u. a. angeführt. Kommt dagegen ein Kollege zu spät, dann sind es nicht die äußeren Umstände, sondern dieser Kollege ist ein unpünktlicher Mensch.

## 2.5.2  Wahrnehmungsverzerrungen

**Stereotypisierung** Besonders erfahrene Menschen erleben dieses Phänomen der Wahrnehmungsverzerrung, da es auf Erfahrungswissen basiert. Aufgrund immer wiederkehrender, ähnlich erlebter Verhaltensweisen bei anderen entsteht ein Modelldenken, das immer dann zum Tragen kommt, wenn die ersten Übereinstimmungen stattfinden (z. B. Festgefahrene Vorurteile bei anderen Nationalitäten) (vgl. Allport 1971; Güttler 2003).

**Primacy-Recency-Effekt** Ausschlaggebend für diese Verzerrung sind sowohl der erste wie auch der letzte Eindruck. Stimmen beide überein, dann werden die Eindrücke dazwischen überlagert (vgl. Atkinson und Shiffrin 1968).

**Projektion** Menschen neigen dazu, ihre eigenen Gefühle und Denkprozesse auf andere zu übertragen. Es wird dann ungleich schwerer, zu verstehen, dass andere Personen Situationen oder Personen auch komplett anders erleben und emotional verarbeiten können wie man selbst (vgl. Gerrig und Zimbardo 2008, S. 519).

**Halo-Effekt** Diese Verzerrung ist dem stereotypen Denken sehr verwandt. Bei diesem Effekt wird aufgrund eines herausragenden Merkmals die Gesamtpersönlichkeit oder -situation beurteilt (vgl. Thorndike 1920). Ein Merkmal überstrahlt alle anderen Merkmale (z. B. Piercing, Haarschnitt u. ä.).

Wahrnehmungsfehler, sowie -verzerrungen können nur schwer vermieden, sollten aber bewusst gemacht werden. Es kann ja durchaus sein, dass beispielsweise der erste Eindruck einer Person tatsächlich zutrifft. Oftmals macht man sich jedoch nicht die Mühe, einen Eindruck möglichst vorurteilsfrei zu überprüfen. Dadurch könnte eine Reihe von Konflikten von vornherein vermieden werden.

# Der Mensch als Konfliktakteur 3

Der Mensch ist der entscheidende Faktor, wenn man sich mit dem Thema *Konfliktmanagement* beschäftigt. Je nachdem, welche Persönlichkeitsstruktur ein Individuum hat, welche soziale Prägung bereits erfolgt ist, welche kulturelle Mentalität jemand hat oder wie sich gerade der Hormonmix gestaltet, all dies wirkt auf den Konfliktverlauf. Somit gibt es auch verschiedene Konflikttypen. Eine Unterscheidungsform differenziert zwischen heißen und kalten Konflikttypen. Da dies speziell im Hinblick auf das Managen von Konflikten eine praxisorientierte Orientierung bietet, soll darauf genauer eingegangen werden (vgl. zum Folgenden Glasl 2011, S. 77 ff.).

## 3.1 Heißer Konflikttyp

Der *heiße Konflikttyp* drückt sich in erster Linie durch ein aktives Herangehen an einen Konflikt aus. Aus seiner Perspektive müssen Konflikt möglichst zeitnah direkt ausgetragen werden. Das muss nicht aggressiv sein, sondern kann sich ebenso als lebhafte Diskussion äußern. Folgende beispielhafte Aspekte spielen dabei ein Rolle. Der heiße Konflikttyp:

- hat Spaß an der Reibung.
- lebt die eigenen Emotionen und zeigt sie deutlich.
- trägt Differenzen evtl. auch in der Öffentlichkeit aus.
- will die Konfliktanlässe und –ursachen klären.
- fordert Konfliktpartner durch seine aktive Art.
- will das Konfliktgespräch dominieren.

N. J. Heigl, *Konflikte verstehen und steuern*, essentials,
DOI 10.1007/978-3-658-04584-5_3, © Springer Fachmedien Wiesbaden 2014

## 3.2   Kalter Konflikttyp

Der *kalte Konflikttyp* will grundsätzlich Konflikte vermeiden und flüchtet vor ihnen. Dafür gibt es zahlreiche Strategien, die nicht immer leicht zu durchblicken sind. So kann auch ein Schrei, eine zugeschlagene Tür oder ein Herunterspielen der Situation eine Flucht vor dem Konflikt einleiten und damit die Strategie eines kalten Konflikttypen sein, auch wenn es kurzzeitig lautstark erscheint.

Der kalte Konflikttyp:

- sucht eher den Rückzug, die Flucht oder Defensive.
- hat Angst vor Auseinandersetzungen.
- unterdrückt Ärger und emotionale Äußerungen.
- verbirgt möglichst Differenzen vor der Öffentlichkeit.
- fühlt sich oftmals schnell angegriffen und unter Druck gesetzt.

Die zwei Konflikttypen existieren nicht grundsätzlich in Reinform, sondern es gibt durchaus graduelle Unterschiede, aber in der Regel kann man sich einem Typen eher zuordnen als dem anderen. Entscheidend dabei ist nicht, wie man gelernt hat, einen Konflikt auszutragen, sondern welchen Impuls man sofort verspürt, wenn ein Konflikt eintritt: Flucht oder Angriff? Bei dieser Unterscheidung nach heißen und kalten Konflikttypen, gibt es drei Möglichkeiten wie die Konfliktparteien kombiniert sein können: heiß/heiß, heiß/kalt und kalt/kalt.

Konflikte mit der Konstellation *heiß/heiß* werden in der Regel sehr schnell angegangen. Es werden die jeweiligen Seiten leidenschaftlich vertreten und so kann es durchaus zu stark emotionalen Momenten kommen, aber durch die Zeitnähe und Offenheit, werden Konflikte häufig auch schnell gelöst. Die Kombination *kalt/kalt* führt entweder zu einem systematischen Unterdrücken der Auseinandersetzung und damit zu einem kalten Konflikt, der funktionieren kann, wenn die betreffenden Konfliktthemen keine bedeutsamen sind. Wenn sich jedoch ein kalter Konflikt „aufheizt", dann kommt es leicht zu einer „Explosion" der lange aufgestauten negativen Emotionen und dann ist man zerstörerischen Folgehandlungen sehr viel näher als einer Konfliktlösung. Die größte Herausforderung für zwei Konfliktparteien ist jedoch die Konstellation *heiß/kalt*. Hier stoßen zwei völlig unterschiedliche Konflikteinstellungen und Herangehensweisen aufeinander. Die eine Art provoziert automatisch die andere und somit werden konstruktive Konfliktlösungen verhindert. Wie man unter diesen herausfordernden Rahmenbedingen trotzdem zu einvernehmlichen Lösungen kommen kann, wird im Folgenden gezeigt.

**Heißer Konflikttyp** managt den Konflikt mit einem **kalten** Konflikttypen:

- nicht öffentliches Vier-Augen-Gespräch anvisieren,
- eigene Emotionen zuerst einmal abkühlen lassen,
- den Zeitpunkt für das Konfliktgespräch den kalten Konflikttypen wählen lassen
- Ziele des Gesprächs klar formulieren,
- das eigene Vorgehen transparent gestalten,
- dem anderen Sicherheit vermitteln (z. B. Gespräch in gewohnte Umgebung des kalten Konflikttypen legen).

**Kalter Konflikttyp** managt den Konflikt mit einem **heißen** Konflikttypen:

- sich aus dem eigenen Komfortbereich heraus bewegen,
- offen und ehrlich sagen, wie man bei dem anstehenden Konfliktgespräch empfindet,
- einen Gesprächstermin vorschlagen, wo sich der heiße Konflikttyp bereits „abgekühlt" hat,
- einen Gesprächsort wählen, an dem man sich wohl und sicher fühlt,
- möglichst aktiv den Konfliktanlass und die vermeintlichen Konfliktursachen ansprechen.

## 3.3 Psychologische Spiele

Der Arzt und Psychiater Eric Berne (1967) hat immer wiederkehrende, kommunikative Verhaltensmuster bei Erwachsenen als Spiele bezeichnet. Die Psychologen, Schmidt (1998) sowie Dehner (2001), haben verschiedene Formen von psychologischen Spielen beschrieben, von denen Kreyenberg (2005) eine Auswahl getroffen hat, die im Folgenden gezeigt werden soll. Diese „Spiele" des sogenannten ersten Grades sind relativ harmlos, aber können jederzeit Konflikte auslösen, die, wenn nicht bewusst interveniert wird, eskalieren können. Je nach Eskalationsgrad gibt es weitere Stufen.

Man sollte versuchen, diese Spiele zu entlarven, um sie dann z. B. durch Moderationstechniken aktiv zu neutralisieren. Somit kann keine Eskalationsdynamik in Gang kommen. Diese Spiele können beispielsweise in Projektgruppen jederzeit auftreten und auf subtile Weise die Gruppenstimmung destruktiv aufladen (vgl. Kreyenberg 1975, 2005, S. 77 f.).

- **„Ja Aber – Spiel":** Auf jeden Vorschlag folgt ein Einwand.
- **„Ach wie schrecklich – Spiel":** Man will Mitleid und Mitjammern provozieren.
- **„Gerichtssaal – Spiel":** Es wird nicht nach Lösungen, sondern nach Schuldigen gesucht.
- **„Makel – Spiel":** Trotz positiver Aspekte wird permanent gemäkelt.
- **„Holzbein – Spiel":** Aus Angst vor Veränderung gibt man vor, etwas nicht mitmachen zu können, obwohl man es möchte.
- **„Wenn du nicht wärst – Spiel":** Es wird so getan, als könnte man etwas nicht realisieren, weil das Vorhandensein eines Umstandes oder einer Person dies verhindert.
- **„Du wirst sehen, was dabei herauskommt – Spiel":** Auf eine indirekte Bedenkenäußerung folgt am Ende eine „ich habe es Dir gesagt"-Weisheit.
- **„Ich bin dumm – Spiel":** Vorspielen einer eigentlich nicht vorhandenen Naivität oder Einfältigkeit.
- **„Jetzt hab ich dich erwischt – Spiel":** Zunächst verhält man sich sehr passiv und unbeteiligt, um am Ende umso stärker zu reagieren.

# Interventionsmöglichkeiten nach Eskalationsgrad

Der österreichische Konfliktforscher Friedrich Glasl (2011) untersucht seit vielen Jahren die Thematik der Eskalationsdynamiken bei Konflikten. Eskalationsmodelle gibt es inzwischen viele verschiedene. Sie reichen vom vierstufigen Eskalationsmodell von Quincy Wright (1965) bei internationalen Krisen bis zu den vierundvierzig Stufen der Eskalation von Herman Kahn (1965). Das Modell von Glasl umfasst neun Stufen und wird aufgrund seiner Plausibilität für die tägliche Praxis auch hier genauer beschrieben.

Neben den Eskalationsdynamiken hat Glasl auch dazu passende Interventionsmöglichkeiten entwickelt, die sich an dem jeweiligen Eskalationsgrad orientieren.

**Stufe 1 – Verhärtung** Die erste Stufe des Eskalationsmodells wird oftmals noch gar nicht als Beginn eines Konflikts wahrgenommen. Eine Diskussion beginnt ganz harmlos, aber plötzlich verhärten sich die Standpunkte. Die ersten Spannungen entstehen. Wenn in dieser Phase nicht interveniert wird, dann ist es sehr wahrscheinlich, dass eine Eskalationsdynamik in Gang kommt.

**Stufe 2 – Debatte, Polemik** In dieser Phase wird nun stärker polarisiert. Es entsteht eine Art „Schwarz-Weiß-Denken". Mit der Macht der Sprache versucht man gegenseitig den Diskurs zu dominieren. Es kommt zu gegenseitigen Abwertungen.

**Stufe 3 – Taten statt Worte** Nun stellt sich bei mindestens einer Konfliktpartei das Gefühl ein, dass Worte nicht mehr helfen und es kommt zu Taten. Taten können sich in Form von bloßem Schweigen wie auch in aggressiven Fluchtaktionen zeigen.

**Stufe 4 – Images und Koalitionen** Diese Phase ist der Beginn der klaren Frontenpositionierung. Nun werden Koalitionen geschmiedet, um die eigene Position zu stärken. Jetzt geht es weniger um das eigentliche Thema als um das Gewinnen.

N. J. Heigl, *Konflikte verstehen und steuern*, essentials,
DOI 10.1007/978-3-658-04584-5_4, © Springer Fachmedien Wiesbaden 2014

Man bekämpft sich durch gegenseitiges Manövrieren in negative Rollen. Stereotypen und Klischees werden stärker bedient.

**Stufe 5– Gesichtsverlust**  In Stufe 5 werden bewusst Gesichtsverluste provoziert. Man demaskiert sich gegenseitig, um den anderen schlecht aussehen zu lassen. Die Konfliktpartner tendieren zu Überhöhung der eigenen Person und bewussten Herabsetzung der anderen.

**Stufe 6– Drohstrategien und Erpressung**  Nun werden für den Fall des Position Haltens Sanktionen angedroht. Ultimaten werden gesetzt. Durch Drohungen versucht man nur noch zu gewinnen, setzt sich aber dadurch selbst unter Erfüllungsdruck, was die Eskalation eher beschleunigt.

**Stufe 7– Begrenzte Vernichtungsschläge**  Die menschlichen Qualitäten werden in dieser Stufe verstärkt vernachlässigt. Man versucht dem Konfliktpartner bewusst zu schaden, auch wenn dies mit eigenen Nachteilen einher geht.

**Stufe 8– Zersplitterung, totale Zerstörung**  In dieser Phase geht es einzig und allein darum, den Gegner möglichst stark zu schwächen, sei es durch Zersplitterung seiner Verbündeten oder durch Zerstörung seiner Machtgrundlage. Sogar die Sprache ist nun eher martialisch.

**Stufe 9– Gemeinsam in den Abgrund**  Die neunte Stufe besiegelt den Endpunkt. Es führt nun kein Weg mehr zurück. Es herrscht ausschließlich totale Konfrontation. Die Parteien versuchen nun um jeden Preis die andere Partei zu zerstören, auch wenn damit eine Selbstvernichtung verbunden ist (Abb. 4.1).

## 4.1  Interventionsstrategien

In den ersten drei Stufen ist eine Konfliktlösung durch einfache Gesprächs- oder Moderationstechniken möglich. Man befindet sich in der Phase der Anbahnung, die noch eine sogenannte „win-win-Situation" darstellt, d. h. es besteht die Möglichkeit, ohne Gesichtsverlust und negative Folgen den Konflikt zu beenden.

Stufe 4–6 beschreibt eine „win-lose-Situation". Hier sollte die Hilfe eines professionellen Vermittlers mit psychologischen Kenntnissen des Konfliktmanagements in Anspruch genommen werden (z. B. ein Mediator). Da hier bereits verstärkt Emotionen am Prozess beteiligt sind, ist der Einbezug dieser für die Konfliktlösung essentiell. Ab Stufe 5 ist es in vielen Fällen bereits sinnvoll, einen offiziellen Schlichter einzusetzen.

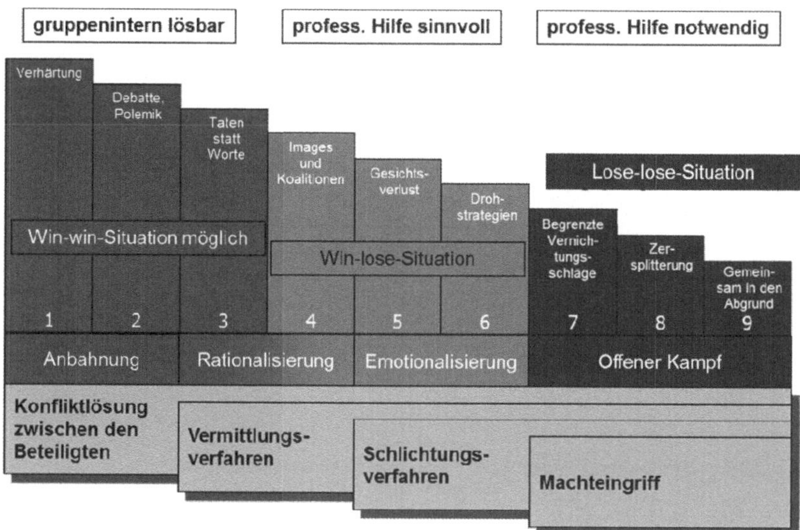


**Abb. 4.1**  Eskalationsgrade nach Glasl (2011)

Die letzten drei Stufen sind ohne professionelle Hilfe nicht zu meistern. Da sich die Konfliktparteien in diesen letzten Phasen auf die gegenseitige Vernichtung fokussieren (lose-lose-Situation), sind hier häufig nur direkte Machteingriffe sinnvoll und erfolgsversprechend (z. B. Gerichtsverfahren).

# Konfliktlösungsstrategien 5

Bisher wurde gezeigt, welche Faktoren einen Konflikt hervorrufen können und wie sich Konflikte darstellen, bzw. verschiedene Konflikttypen auch unterschiedliche Verhaltensweisen während eines Konflikts zeigen. Wenn ein Konflikt schon mal im Gange ist, dann ist es von besonderer Bedeutung, wie man dann reagiert, agiert oder sogar bewusst interveniert.

## 5.1 Grundmuster der Konfliktlösung

Nach Schwarz (2010) können im Grunde alle Konfliktlösestrategien auf sechs Grundmuster der Konfliktlösung, die man in einer Hierarchie verschiedener Entwicklungsstufen einordnen kann, zurückgeführt werden. Diese Grundmuster sind hierarisch, stufenartig positioniert. Diese Stufen der Höherentwicklung betreffen einerseits persönliche Entwicklungsstufen einer Person, eventuell sogar innerhalb eines Konfliktverlaufs und andererseits ist dadurch auch dargestellt, dass Konfliktlösungsmuster auf niedrigeren Ebenen z. B. ebenso von Tieren angewandt werden, der Mensch jedoch aufgrund seiner hohen Entwicklungsstufe alle Grundmuster anwenden kann (Abb. 5.1).

**Flucht**
- *Vorteil*: Direkter Konflikt wird vermieden. Energiesparend, einfach, schmerzlos
- *Nachteil*: Evtl. beschädigtes Selbstwertgefühl, Konfliktkern ist nicht gelöst
- *Indikation*: Bei Aussichtslosigkeit oder wenn das Konfliktthema unbedeutend ist

**Vernichtung**
- *Vorteil*: Schnelle Konfliktlösung, Gefühl der Genugtuung
- *Nachteil*: Richtet häufig Schaden an und ruft Racheakte hervor

N. J. Heigl, *Konflikte verstehen und steuern*, essentials, 23
DOI 10.1007/978-3-658-04584-5_5, © Springer Fachmedien Wiesbaden 2014

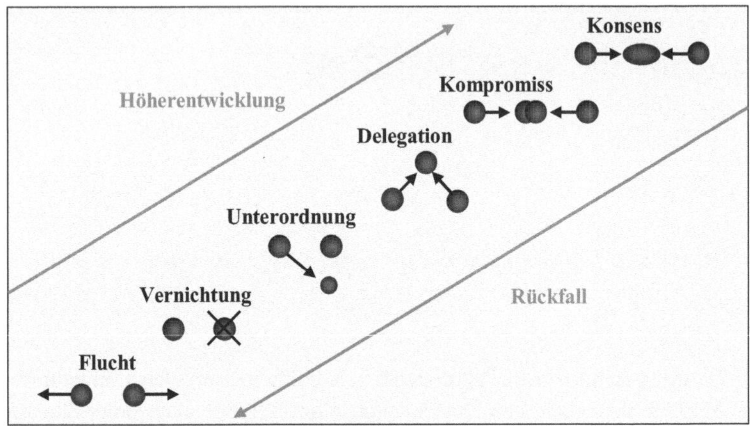


**Abb. 5.1** Sechs Grundmuster der Konfliktlösung nach Schwarz (2010)

- *Indikation*: Wenn man die dazu nötige Machtposition hat, schnelle Resultat vonnöten sind und die Beziehung zum Konfliktpartner unwichtig ist

**Unterordnung**
- *Vorteil*: Konflikt wird vermieden. Energiesparend, einfach, schmerzlos
- *Nachteil*: Scheinfrieden. Evtl. beschädigtes Selbstwertgefühl
- *Indikation*: Wenn der Konfliktgegenstand unbedeutsam ist

**Delegation**
- *Vorteil*: Direkter Konflikt wird entschärft
- *Nachteil*: Kontrolle wird abgegeben
- *Indikation*: Wenn der Konflikt zu verfahren ist und beide Konfliktparteien trotzdem eine Lösung haben wollen, ohne dem Konfliktpartner gegenüber nachgeben zu wollen

**Kompromiss**
- *Vorteil*: Kurzfristige Einigungsmöglichkeit bei stark polarisierten Positionen
- *Nachteil*: Es werden keine tragfähigen Beziehungen für die Zukunft aufgebaut. Permanente Gefahr des gefühlten „faulen Kompromisses", „Waffenstillstand" statt „Friedensvertrag"
- *Indikation*: Wenn Flucht, Kampf und Unterordnung überwunden ist und man sich weiter dem Konflikt stellen will. Evtl. Zwischenschritt auf dem Weg zum Konsens

**Konsens**

- *Vorteil*: Hinter einem ausgehandelten Konsens stehen alle Konfliktparteien. Sehr tragfähig
- *Nachteil*: Oftmals sehr zeitaufwendig
- *Indikation*: Wenn eine stabile und tragfähige Konfliktlösung angestrebt wird

## 5.2  Das Harvard-Konzept

Wie es der Name schon in sich trägt, wurde diese Konfliktverhandlungsstrategie von einem Forscherteam der renommierten Harvard Universität ent- und weiterentwickelt. Roger Fisher, William Ury, und Bruce Patton zeichnen dafür verantwortlich und sind Teil des *Harvard Negotiation Project*. Die Verhandlungsmethode „Harvard Konzept" beruht im Wesentlichen auf vier Grundaspekten (vgl. Fisher et al. 2009):

- Menschen: Menschen und Probleme getrennt voneinander behandeln!
- Interessen: Nicht Positionen, sondern Interessen in den Mittelpunkt stellen!
- Möglichkeiten: Vor der Entscheidung verschiedene Wahlmöglichkeiten entwickeln!
- Kriterien: Das Ergebnis auf objektiven Entscheidungskriterien aufbauen! (Fisher et al. 2009)

Diese vier Grundaspekte sind die Basis einer offenen und ehrlichen Verhandlungsmethode. Der erste Aspekt hat den im Konflikt agierenden Menschen im Fokus. Emotionen und Sachverhalte werden in Konflikten gerne miteinander verwoben, ohne beide Seiten zu sehen. Dies ist jedoch besonders wichtig, da Emotionen den Konfliktverlauf entscheidend beeinflussen und daher ernst genommen werden sollen. Ziel sollte es dabei sein, die „menschlichen Probleme" von den Sachproblemen getrennt zu behandeln. Die anschließend gemeinsame Konzentration auf das Sachproblem fällt dann umso leichter.

Der zweite Aspekt betont den Unterschied zwischen Positionen und Interessen. In der Regel werden im Konflikt Positionen eingenommen und diese verteidigt. Die wahren Interessen, die meistens menschliche Bedürfnisse beinhalten, bleiben dabei oftmals verborgen. Von daher sollte man sich auf die Analyse und Behandlung der Interessen konzentrieren.

Die Trennung von Entscheidungen und der Entscheidungsvorbereitung steht beim dritten Aspekt im Vordergrund. Zunächst sollten Handlungsalternativen gesucht werden. Welche Möglichkeiten des gegenseitigen Nutzens existieren. Verhandlungen scheitern oft daran, dass sich beide Parteien zu schnell auf nur eine Lösung ausrichten und diese dann zu wenig Nutzen für beide Seiten in sich trägt. So sollten vor der Bewertung von möglichen Lösungen beide Parteien ihre Alternativlösungen für sich entwickeln, um sie dann gemeinsam zu beurteilen.

Der vierte Aspekt beruht auf dem gemeinsamen Erarbeiten von Beurteilungskriterien für eine Lösung. Dadurch werden nicht einfach nur Wünsche verhandelt, sondern man bestimmt zunächst miteinander die Parameter, die für eine Beurteilung der vorher erarbeiteten Lösungsalternativen herangezogen werden. Somit hat man eine gemeinsame Basis für die Lösungssuche.

Über diesen Aspekten steht ein Grundsatz, der als allgemeine Grundhaltung einen ergebnisversprechenden Faktor in sich trägt:

▶      Hart in der Sache, aber weich gegenüber den Menschen!

Hart in der Sache bedeutet, dass man seine Interessen intensiv vertreten und dabei nicht wackeln sollte, sich jedoch in der Art und Weise wie man verhandelt menschorientiert konstruktiv verhalten sollte.

## 5.3  Das 5-Phasen-Modell

Diese Vorgehensweise, die von mir aus diversen Konfliktlösungsansätzen kombiniert wurde, ermöglicht es einem, Konflikte souverän und offen anzugehen, ohne wichtige Belange verschweigen zu müssen. Dies gilt für geplante Konfliktgespräche, sowie auch für akut auftretende Konfliktsituationen jeglichen Inhalts. Besonders hervorzuheben ist dabei die richtige Reihenfolge der Phasen, die im Normalfall nicht auf diese Art und Weise abläuft. Eine Konfliktsituation ist grundsätzlich auch eine Stresssituation und unter Stressbedingungen werden primär automatisierte Handlungsweisen abgerufen. Von daher ist es für die Anwendung wichtig, diese Phasen intensiv zu trainieren und zu lernen (Abb. 5.2).

Wenn man die Chance erhält ein Kritikgespräch vorzubereiten, dann ist es sehr vorteilhaft, wenn man eine sogenannte *Nullphase* vorschiebt. Dieser erste Einstieg dient zu Stärkung der Beziehungsebene. Dies wiederum erhöht die Chance, dass sich der Konfliktpartner eher auf die Sachebene konzentriert. Man kann dies durch kurze anerkennende Worte (wie z. B. „Ich finde es sehr schön, dass Sie sich für dieses Gespräch Zeit nehmen.") einleiten. Somit steigt automatisch die Gesprächsbereitschaft des Konfliktpartners. Wichtig ist dabei nur, dass dieser wertschätzende Einstieg ins Gespräch ehrlich gemeint ist und nicht „künstlich" oder gar „taktisch"

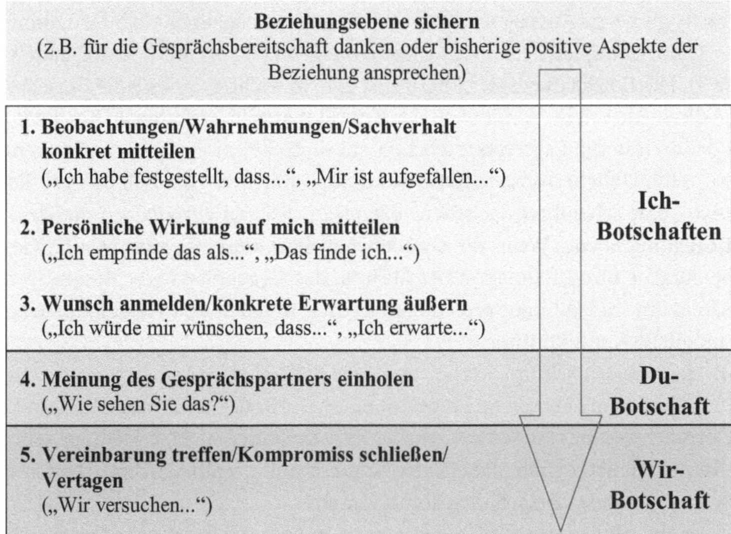


**Abb. 5.2**  5-Phasen-Modell zur Konfliktlösung (eigene Darstellung)

wirkt. In der Psychologie gilt der alte Grundsatz, dass man jemanden besser bewegen kann – vor allem in die eigene Richtung – wenn man den Gegenüber dort „mental abholt, wo er steht" – sprich sich auf das jeweilige Denken und Fühlen einer Person einlässt, ohne dabei die eigene Position zu verlassen. Eine Konfliktsituation löst in der Regel automatisch negative Gefühle wie Ärger, Zorn, Frust, Unsicherheit u. ä. aus. Wenn man nun diesen Gefühlen durch anerkennende Worte und Gesten entgegenwirkt, dann steigt die Wahrscheinlichkeit, dass der Konfliktkern eher und schneller gehört und verstanden wird. Hat man mit einem Konfliktpartner zu tun, an dem man überhaupt nichts Positives finden kann, dann kann man sich zumindest immer für die Gesprächsbereitschaft bedanken.

Die ersten *drei Phasen* dienen der genauen Information über die Konfliktsituation aus der Perspektive des Sprechers. Diese drei Phasen sollen zwar ohne Umschweife und absolut deutlich darstellen, um was es geht, aber sie sollen keinen Angriff ausdrücken. Aus diesem Grund ist die Formulierung von Ich-Botschaften von besonderer Bedeutung. Der Gesprächspartner erfährt erstens, um was es geht, zweitens, wie es gewirkt hat und drittens, was der Konfliktpartner von ihm erwartet. Dies sind erfahrungsgemäß auch genau die Informationen, die ein Konfliktpartner wissen will. Werden sie nicht genannt, dann kommt es im Laufe eines Konfliktgesprächs gerne zu Aussagen wie: „Um was geht es eigentlich?" (Information aus Phase 1) oder beispielsweise „Was willst Du eigentlich von mir?" (Information aus Phase 3). Die Botschaft aus der Phase 2 ist enorm wichtig, weil sie die Beziehungsebene direkt anspricht. Somit weiß der Konfliktpartner „emotional" Bescheid und wird dadurch in die Lage versetzt, exakt auf diese Emotion zu reagieren, wenn er das wünscht. Üblicherweise wird bei Konfliktgesprächen – speziell im beruflichen Kontext – eine scheinbare Sachebene diskutiert, reagiert wird jedoch meistens auf der Beziehungsebene. Wenn die tatsächlichen Emotionen aus der Mimik, Gestik, Körpersprache und Modulation der Stimme des Gegenübers geschlossen werden müssen, dann sind Fehlinterpretationen leichter möglich und verlangsamen somit eine mögliche Konfliktlösung.

Mit dem *vierten Schritt* wird bewusst „der Ball" an den Gesprächspartner abgegeben, indem man eine offene Frage mit einer Du-Botschaft formuliert. Nun kann der Gesprächspartner zu den drei vorher dargestellten Aspekten Stellung nehmen. Der Konfliktsteuerer sollte dabei aktiv zuhören und eventuelle Unklarheiten oder falsch angekommene Botschaften sofort klären.

In der abschließenden *fünften Phase* wird in Form einer Wir-Botschaft eine gemeinsame Vereinbarung getroffen. Dies ist im besten Fall ein Konsens, kann aber auch ein Kompromiss, ein Aufschub oder ein Fixieren der beiden Positionen sein.

Sollte sich in der vierten oder letzten Phase der Konfliktpartner nicht auf die gegebenen Botschaften einlassen, blockieren oder einen neuen Streit beginnen, dann sollte man genau diesen Aspekt, der einen dann stört, wieder mit den fünf Phasen von vorne beginnen. Es könnte beispielsweise sein, dass der Konfliktpartner versucht, die Sachlage durch verharmlosende Worte herunterzuspielen. Dann sollte man genau dieses Aspekt mit den drei ersten Phasen ansprechen und wieder die Meinung dazu einholen. Auf dieses Art und Weise hat man die Chance, permanent souverän zu bleiben, ohne anzugreifen und trotzdem in aller Deutlichkeit die entscheidenden Punkte anzusprechen.

Die Wortwahl sollte dem eigenen Sprachgefühl und –vermögen entsprechen, damit es nicht künstlich oder auswendig gelernt wirkt. Die Sätze im Modell (in Klammern) sind nur exemplarisch als Orientierung zu verstehen.

Die ersten vier Phasen sollte man möglichst immer in der aufgezeigten Reihenfolge anwenden. Nach der vierten Phase kommt in der Regel schon ein Gespräch in Gang. Aber es könnte auch – wie oben beschrieben – zurück zu Phase 1 gehen und neu beginnen. Falls sich der Konfliktpartner bewusst weigert, den Konflikt konstruktiv mit Ihnen zu führen, dann können sie wiederum anhand der ersten drei Phasen das Gespräch souverän, aber bestimmt beenden. Beispiel: „Ich habe den Eindruck, dass hier kein konstruktives Gespräch gewünscht wird. Das finde ich sehr schade, aber dann würde ich gerne das Gespräch beenden."

Man kann sich die verschiedenen Phasen und deren Reihenfolge leichter anhand von Stichwörtern einprägen:

1. Sache
2. Wirkung
3. Wunsch
4. Andere Meinung
5. Vereinbarung

Diese gilt es auswendig zu lernen, damit man in der Konfliktsituation nicht lange überlegen muss.

# Abschließend ein paar allgemeine Verhaltensweisen zur konstruktiven Konfliktbewältigung

**6**

- *Werten der Bedeutung eines Konflikts* – Nicht jeder Konflikt ist es wert, ihn auszutragen.
- *Proaktives Angehen des Konfliktes* – Nicht warten bis die andere Partei von sich aus kommt.
- *Kontakt mit dem Konfliktpartner suchen und halten* – äußerer Kontakt durch Blickkontakt – innerer Kontakt durch bewusstes Aufrechterhalten des Interesses.
- *Sich Zeit nehmen für die Auseinandersetzung* – Das Signal „keine Zeit" löst beim Konfliktpartner Verunsicherung, Minderwertigkeitsgefühle und negative Phantasien aus. Konflikte verschlingen oftmals umso mehr Zeit, je weniger man sich dafür nimmt.
- *Einfühlungsvermögen (Empathie) und Mitgefühl zeigen* – Man versucht die Perspektive des Konfliktpartners zu erkennen, ohne die eigenen Wertmaßstäbe aufzugeben.
- *Das eigene Selbstwertgefühl stärken* – Eine echte (+ +)-Haltung, in diesem Fall mit Konzentration auf dem ersten Plus ist hilfreich.
- *Anerkennung zeigen* – Man kann einzelne Absichten des Konfliktpartners, seine Gesprächsbereitschaft und eventuellen Zwänge anerkennen.
- *Die eigenen Schritte transparent machen* – Man spricht über die eigenen Schritte. Ziel ist dabei, Missverständnisse bewusst abzubauen und Misstrauen nicht aufkommen zu lassen.
- *Vorschnelles Einlenken* – *auch des Konfliktpartners* – *vermeiden* – Besonders kalte Konflikttypen versuchen den Konflikt scheinbar zu beenden, obwohl er noch nicht geklärt ist.
- *Das „Ganze" im Auge behalten* – Was sind die gemeinsamen Zielsetzungen, die gemeinsamen Interessen, die auch nach dem Konflikt gelten?

N. J. Heigl, *Konflikte verstehen und steuern*, essentials,     31
DOI 10.1007/978-3-658-04584-5_6, © Springer Fachmedien Wiesbaden 2014

Diese grundsätzlichen Verhaltensweisen sollen als Orientierung dienen. Jeder Mensch hat sein eigenes Konfliktverhalten und wird niemals alles umfassend anwenden. Das ständige Training der Konfliktbewältigungsstrategien macht einen jedoch nicht nur konfliktstärker, sondern es wirkt sich auch förderlich für das Selbstbewusstsein aus.

# Literatur


Allport, G. W. (1971). *Die Natur des Vorurteils*. Köln: Kiepenheuer & Witsch.

Aronson, E., Wilson, T., & Akert, M. (2008). *Sozialpsychologie* (6. Aufl.). München: Pearson Studium.

Atkinson, R. C., & Shiffrin, R. M. (1968). Human memory: A proposed system and its control processes. In K. Spence & J. Spence (Hrsg.), *The psychology of learning and motivation* (Vol. 2). New York: Acad. Press.

Berne, E. (1967). *Spiele der Erwachsenen*. Reinbeck: Rowohlt.

Buchmann, M. (2002). *Small worlds*. New York: Campus.

Dehner, U. (2001). *Die alltäglichen Spielchen im Büro*. New York: Campus.

Fisher, R., Ury W., & Patton, B. (2000). *Das Harvard-Konzept*. New York: Campus.

Gerrig, R., & Zimbardo, P. (2008). *Psychologie* (18. Aufl.). München: Pearson.

Gilbert, D. T., & Malone, T. S. (1995). The correspondence bias. *Psychological Bulletin, 117*, 21–38.

Glasl, F. (2011). *Konfliktmanagement, Ein Handbuch für Führungskräfte, Beraterinnen und Berater*. Bern: Haupt Verlag.

Güttler, P. (2003). *Sozialpsychologie* (4. Aufl.). München: Oldenbourg.

Harris, T. (2005). *Ich bin o.k., Du bist o.k.* Reinbek: Rowohlt.

Kreyenberg, J. (2005). *Handbuch Konfliktmanagement, Konfliktdiagnose, -defintion, -analyse. Konfliktebenen, Konflikt- und Führungsstile. Interventions- und Lösungsstrategien, Beherrschen der Folgen*. Berlin: Cornelsen.

Labude, C. (2008). *Wie entscheiden Kunden wirklich?* Wien: Linde.

Mandler, G. (1975). *Mind and emotion*. New York: Wiley.

Merton, R. K. (1948). The self fulfilling prophecy. *The Antioch Review, 8*, 193–210.

Schmidt, R. (1998). *Immer richtig miteinander reden*. Paderborn: Junferman.

Schwarz, G. (2010). *Konfliktmanagement*. Wiesbaden: Gabler.

Thomas, W., & Thomas, D. (1928). *The child in America: Behavior problems and programs*. New York: Knopf.

Thorndike, E. (1920). A constant error in psychological rating. *Journal of Applied Psychology, 4*, 25–29.

Wright, Q. (1965). *Study of war* (2. Aufl.). Chicago: University of Chicago Press.



N. J. Heigl, *Konflikte verstehen und steuern*, essentials,
DOI 10.1007/978-3-658-04584-5, © Springer Fachmedien Wiesbaden 2014